ÉLOGE FUNÈBRE

DE

Mᵐᵉ M. NATHAN

FONDATRICE ET PRÉSIDENTE

DE L'ASILE DES VIEILLARDS ISRAÉLITES

de Lunéville

PRONONCÉ SUR SA TOMBE

PAR ALFRED LÉVY

Grand Rabbin de Lyon

ANCIENNEMENT

Rabbin à Lunéville et Directeur de l'Asile

2 FÉVRIER 1881

Lyon. — Imprimerie Schneider frères.

ÉLOGE FUNÈBRE

DE

Mme M. NATHAN

FONDATRICE ET PRÉSIDENTE

DE L'ASILE DES VIEILLARDS ISRAÉLITES de Lunéville

PRONONCÉ SUR SA TOMBE

PAR ALFRED LÉVY

Grand Rabbin de Lyon

ANCIENNEMENT

Rabbin à Lunéville et Directeur de l'Asile

———

2 FÉVRIER 1881

———

Lyon. — Imprimerie Schneider frères.

ÉLOGE FUNÈBRE

DE

Mme M. NATHAN, née SPIRE

❦

Mes Frères,

Quand, il y a cinq mois, je m'éloignais de cette chère Communauté pour aller exercer mes fonctions pastorales dans la circonscription où Dieu et le devoir m'appelaient, j'étais loin de prévoir que je me séparais à jamais de l'amie sincère et dévouée à laquelle m'attachaient les liens de la plus étroite et de la plus respectueuse affection; j'étais loin de m'attendre que je ne reverrais plus la noble et digne femme dont la vie tout entière n'a été qu'une suite ininterrompue de bienfaits, la sœur bien-aimée en qui se personnifiaient, au plus haut degré, la bonté, le dévoûment, la charité.

Il est, en effet, mes frères, des existences si précieuses, si utiles au monde, des êtres si nécessaires à leur prochain, qu'il semble que la mort ne doive et n'ose jamais les toucher de son aile. La pensée du vide que pourrait opérer leur disparition est si douloureuse, si effrayante, que nous la chassons de notre esprit, et nous nous berçons de la douce illusion que Dieu, dans sa bonté infinie, éloignera le plus possible le moment fatal de la séparation. Hélas! mes frères, de terribles, de cruelles réalités viennent, à chaque instant, démentir nos espérances, et c'est le cœur brisé par la tristesse que nous adressons aujourd'hui à notre sœur un suprême adieu.

Mes frères, l'émotion poignante que j'éprouve me laisse à peine la liberté d'esprit nécessaire pour retracer cette carrière si dignement parcourue, et faire de la défunte l'éloge qu'elle mérite; mais je dois à ma sainte amie, je dois à tous ceux qui la pleurent de comprimer mes propres sentiments pour me rendre, après mes chers et honorés collègues (1), l'interprète de l'affliction générale.

Cette mort, en effet, mes frères, n'est pas seulement un malheur privé, un deuil de famille, c'est un malheur, un deuil pour notre religion qu'elle honorait par ses vertus, pour cette Communauté dont elle était l'ornement et l'orgueil, pour les nombreux amis que, par son affabilité extrême, elle s'était faits dans tous les rangs de la société, et surtout pour sa grande famille adoptive, pour ses

---

(1) MM. les Grands Rabbins de Nancy et de Bordeaux.

vieillards qui la considéraient comme une mère et qu'elle aimait comme ses enfants.

Ah ! mes frères, je n'ai qu'à parler de notre maison de refuge, qu'à songer à cet asile béni, pour mesurer la profondeur de notre blessure et constater l'immensité de notre perte. Cette fondation pieuse, vous le savez, notre sœur en avait conçu la première la pensée. Au sortir d'une grave maladie qui, il y a vingt-cinq ans, avait mis ses jours en danger, elle n'avait pas trouvé de meilleur moyen de témoigner à Dieu sa reconnaissance qu'en consacrant au soulagement des malheureux les jours que le Ciel lui avait conservés. Sa pensée ne tarda pas à être comprise par les âmes généreuses de tous les cultes, et son œuvre, qui n'avait d'abord que des proportions modestes, devint bientôt, Dieu aidant, l'une des plus prospères et des plus renommées du judaïsme français.

Hâtons-nous de le dire, cette marche ascendante, ces progrès incessants, c'est à notre sœur surtout qu'il faut en reporter le mérite. Pendant vingt-cinq ans, en effet, elle a été chaque jour sur la brèche, ne ménageant ni son temps, ni sa fortune, ni ses peines, travaillant sans relâche, par des prodiges d'ordre et d'économie, à la prospérité de sa chère institution. Nous, mes frères, qui, durant onze années, avons eu l'honneur d'être son collaborateur, nous pouvons, mieux que personne, vous dire de

quelle sollicitude maternelle elle entourait ses vieillards, quelle affection particulière elle portait à
chacun d'eux, de quelle main patiente et délicate
elle adoucissait les maux inséparables du grand âge
Toujours la première au chevet des malades, elle
prolongeait, par ses soins bien entendus, leur frêle
existence, et, les sauvant de l'isolement, adoucissait
pour eux le dur passage de ce monde à l'éternité.

Il y a quelques années, la Société d'encourage-
ment au bien, appréciant la grandeur de son esprit
de charité, de son abnégation incessante, décernait
à notre sœur une médaille d'honneur. C'était la
récompense des nombreux bienfaits qu'elle semait
autour d'elle; car sa charité, mes frères, ne s'exerçait
pas seulement envers ses vieillards, ses enfants
d'adoption, mais envers tous les malheureux, sans
distinction d'origine et de culte. Que de fois, pendant
la durée de notre ministère, nous avons eu recours
à l'appui de cette âme sympathique et tendre, et
jamais nous ne l'avons sollicitée en vain ; elle com-
prenait si bien la douleur et elle était si heureuse de
pouvoir la soulager!

Cet esprit de sacrifice, ce besoin d'activité qui se
dépensait en œuvres utiles et durables, cette effusion
constante de dévoûment, de tendresse, ne se re-
marquaient pas seulement dans ses relations du
dehors, dans les rapports de notre sœur avec ses
frères en l'humanité, ils se manifestaient encore et

surtout dans la vie de famille, dans son rôle d'épouse, de sœur, de parente.

Quelle épouse incomparable elle a été pour le digne compagnon de sa vie ! Comme, pendant une grande partie de son existence, elle contribua, par son amour du travail, par sa recherche exclusive du bien, à acquérir à sa maison le renom le plus pur de probité et d'honneur ! Quand, frappé de cécité, son époux ne voyait plus, pour ainsi dire, que par les yeux de l'esprit, elle était sa lumière, elle éclairait par les rayons de son amour cette existence plongée dans les ténèbres.

Cette bonté parfaite, cette sensibilité exquise, elle les déversait sur tous les siens. La meilleure des sœurs, la plus dévouée des parentes, elle ne vivait que par le cœur. Des malheurs successifs, la mort des plus chers objets de son affection, avaient brisé les ressorts de cette âme aimante et délicate, et elle s'est hâtée d'aller rejoindre ces êtres adorés dont elle ne cessait de regretter la perte.

Mes frères, nos sages songeant aux ravages que la mort ne cesse d'opérer dans nos rangs, disaient : « Pleurez sur ceux qui restent et non sur ceux qui s'en vont ; aux uns l'éternel bonheur, aux autres l'agitation et l'angoisse. » Cette pensée contient une vérité profonde. Oui, mes frères, pleurons d'abord sur nous qui ne verrons plus cette femme vertueuse de l'Ecriture ; pleurons sur ces pauvres vieillards, ces nombreux orphelins privés de leur mère, et qui se demandent avec effroi qui donc remplacera auprès d'eux celle qui était leur Providence sur la terre. Mais ne plaignons pas la défunte; n'a-t-elle pas travaillé, chaque jour, à acquérir l'immortalité heureuse? N'est-elle pas déjà en possession de cette félicité céleste dont elle avait un avant-goût sur cette terre par la satisfaction du devoir accompli?

Repose en paix, ô ma sœur bien-aimée! Que ton sort est digne d'envie! Ici-bas d'universels regrets, la trace lumineuse de tes bienfaits, la couronne de la bonne renommée; là-haut la contemplation de ce Dieu de bonté que tu as toujours pris pour guide de tes actions et dont tu t'es efforcée d'imiter les exemples. Reçue aux portes du ciel par tant de chers défunts que tu as sauvés, soutenus, protégés, ta belle âme a pu se présenter sans crainte devant notre divin Père et jouit déjà de l'ample récompense due à ses mérites.

Accepte ici le dernier adieu que nous t'adressons au nom de ta famille désolée, au nom de cette Communauté, au nom de tes vieillards dont tu ne cesseras d'être l'ange gardien! Ton souvenir, celui d'une bienfaitrice de l'humanité, restera gravé dans nos cœurs.

Adieu, sœur, ou plutôt au revoir dans l'éternité!

Lyon.— Imp. Schneider frères.